Fröhliches Landleben

Auf dem Land ist immer etwas los – egal zu welcher Jahreszeit! Fröhliche Hühner und Entchen, pfiffige Hasen, flinke Katzen, ein kecker Frosch, freche Raben und viele weitere Gesellen sorgen dafür, dass es niemals langweilig wird – sei es in der Wohnung oder draußen vor der Tür.

Freuen Sie sich auf die neuen Holzmotive, die Sie das ganze Jahr über, auch zu Ostern und Weihnachten, begleiten möchten: Ob als Tischdekoration, Blumenstecker, Blumentopfhalter, als praktische Aufbewahrungskiste, winterliche Streugutbox oder als dekorative Standfigur – die lustig bunten Motive in diesem Buch freuen sich schon darauf, in Ihrem Zuhause ein Plätzchen zu finden.

Sie benötigen nur etwas Sperrholz, ggf. auch Leimholz, eine Laub- oder Dekupiersäge, etwas Farbe, und schon kann es losgehen!

Ich wünsche Ihnen eine schöne Bastelzeit!

Ihre

Die Motive lassen sich in folgende Schwierigkeitsgrade unterteilen:

●○○ einfach ●●○ etwas schwieriger ●●● anspruchsvoll

MATERIALIEN UND WERKZEUGE

Folgende Materialien und Werkzeuge werden für fast jede im Buch gezeigte Holzfigur benötigt:

- Pappelsperrholz, 4 mm, 6 mm und 1 cm stark
- Leimholz, Buche, 1,8 cm stark
- Bleistift
- Schneiderkopierpapier (ggf. auch Kohlepapier)
- Transparentpapier
- Klebefilm
- Laub- oder Dekupiersäge (mit Sägeblättern für Holz)
- Schleifpapier, z. B. mit einer Körnung von 80 und 120
- evtl. Schraubzwinge
- Feile
- matte Acrylfarbe
- breiter Borstenpinsel
- schmaler Pinsel
- dünner, wasserfester Stift in Schwarz
- dünner, wasserfester Lackmalstift in Weiß (für Augen und Zähne)
- evtl. Ellipsenschablone (für die Augen)
- evtl. Sprühlack
- UHU Alleskleber kraft
- Heißklebepistole
- Holzleim
- geglühter Draht, ø 0,35 mm, 0,65 mm und 1,4 mm
- Holzschrauben, Senkkopf, ø 3,5 mm, 3 cm lang (zum Anschrauben der Standflächen)
- Bohrer (Spiralbohrer), ø 1,5 mm, 2 mm, 3 mm, 4 mm, 6 mm und 1 cm
- Bohrmaschine oder Akkuschrauber
- Seitenschneider
- spitze Rundzange
- Hammer
- mittelgroße, spitze Schere
- evtl. Cutter mit Schneideunterlage

Hinweise: Als „Rest“ wird immer ein Holzstück bezeichnet, das maximal A5 groß ist.

Der 1,4 mm starke Bindedraht ist unter dem Namen „Rödeldraht“ im Baustoffhandel erhältlich!

So geht es

1 Zuerst alle Motivteile auf das Sperrholz oder Leimholz übertragen. Dazu das Schneiderkopierpapier (mit der beschichteten Seite nach unten) auf das Sperrholz legen, darüber die Vorlage platzieren und die Konturen mit einem Bleistift oder Kugelschreiber nachziehen. Zusätzliche Einzelteile (wie z. B. die Pfoten des Hundes auf Seite 25) werden mit etwas Abstand zum Grundmotiv auf das Sperrholz übertragen. Darauf achten, dass die Teile nicht überlappen.

2 Alle Teile mit einer Laub- oder Dekupiersäge aussägen. Die Kanten sorgfältig mit Schleifpapier glätten. Für das Aussägen innen liegender Bereiche (siehe z. B. den Zaunlatten-Bereich auf Seite 23) zunächst ein großes Loch in die Fläche bohren (Bohrer: ø 6 mm), das Sägeblatt durchführen und die Fläche aussägen.

Hinweis: Die Bohrer, die Sie jeweils zum Vorbohren benötigen, sind in den Materiallisten mit aufgeführt.

3 Alle Teile wie abgebildet bemalen und trocknen lassen. Für einen zarten, transparenten Anstrich die Farbe stark mit Wasser verdünnen. Kräftige Farbakzente mit unverdünnter Farbe aufmalen. Danach die Augen und die Innenlinien mit einem dünnen schwarzen Stift ergänzen. Zum Schluss alle benötigten Löcher bohren und die Teile wie in der jeweiligen Anleitung beschrieben zusammensetzen. Für den Außenbereich das Motiv mit wetterfestem Lack besprühen.

Tipps und Tricks

Verwenden von Schablonen

Die Umrisslinien können auch mit einer Schablone auf das Sperrholz oder Leimholz übertragen werden. Dazu mit einem Bleistift das Motiv auf Transparentpapier ohne Überschneidungen abpausen. Dann das Transparentpapier auf dünnen Karton kleben und die abgepausten Motivteile ausschneiden. Fertig sind die Schablonen, die dann auf das Holz oder den Stoff gelegt und mit einem Bleistift oder Kugelschreiber umfahren werden können.

Sperrholz

Das Sperrholzstück sollte nicht zu knapp bemessen sein. Die in diesem Buch genannten Maße sind Mindestangaben. Ein etwas größeres Stück lässt sich beim Aussägen besser festhalten und ist dadurch sicherer und leichter zu handhaben.

Pappelsperrholz eignet sich besonders gut für Laubsägearbeiten. Statt 1 cm starkem Sperrholz kann auch etwas dünneres Material verwendet werden.

Aussägen innen liegender Flächen

Beim Aussägen innen liegender Flächen ist zu prüfen, ob die Dekupiersäge oder die Laubsäge benutzt werden kann. Um mit der Dekupiersäge arbeiten zu können, benötigen Sie je nach Modell ein größeres Loch zum Durchfädeln und Arbeiten. Ist eine Vergrößerung nicht möglich, muss eine Laubsäge verwendet werden.

Tipps und Tricks

Drahtlocken

Schöne Drahtlocken erhält man, wenn die Drahtenden um einen runden Gegenstand gewickelt werden, z. B. um einen Pinselstiel.

Dekorative Stoffe

Patchworkstoffe eignen sich wunderbar zum Verzieren der Motive. Sie sind in gut sortierten Stofffachgeschäften erhältlich.

Figuren bemalen

Um ein Ineinanderlaufen der Farben zu vermeiden, sollte jede Farbe völlig trocken sein, bevor die nächste aufgetragen wird. Wird beim Bemalen zufällig eine Innenlinie übermalt, ist das nicht weiter schlimm. In diesem Fall einfach die Motivvorlage auf Transparentpapier übertragen, die Linien auf der Rückseite mit Bleistift nachziehen und dann das Transparentpapier auf das bereits bemalte Motiv legen. Beim erneuten Nachfahren der Linien überträgt sich der Bleistiftgrafit von der Rückseite des Transparentpapiers. Dann die Innenlinien mit dem schwarzen Stift nachziehen.

Manchmal ist es einfacher, die schwarzen Innenlinien vor dem Ankleben der Einzelteile aufzumalen. Für Augen und Nasen evtl. eine Ellipsen- oder Kreisschablone verwenden. Das Weiß der Augen mit weißer Acrylfarbe oder einem weißen Lackmalstift auftragen. Die meisten Wangenflecken und Nasen erhalten noch einen kleinen weißen Pinselstrich als Lichtreflex.

Motivrückseite

Bei einigen Motiven lässt sich die Rückseite genauso hübsch wie die Vorderseite gestalten. Dazu alle Einzelteile, die aufgeklebt werden, ein zweites Mal aussägen. Danach die Innenlinien spiegelverkehrt auf die Motivrückseite übertragen: Alle Linien des Motivs mit einem weichen Bleistift auf Transparentpapier nachzeichnen und dieses mit der Vorderseite nach unten auf das bereits ausgesägte Motiv legen. Nun die aufgezeichneten Innenlinien nachfahren. Dabei überträgt sich der Grafit der Bleistiftlinien auf das Sperrholz.

Befestigung der Bodenplatte

Die Unterkante der Figur, die die Standfläche berührt, sollte so exakt wie möglich gearbeitet sein. Unebenheiten bringen die Figur zum Kippen. Besonders bei großen Figuren kann es sinnvoll sein, diese auf der Bodenfläche festzuschrauben. Dazu ein oder zwei Löcher (ø 4 mm) im Bereich der Befestigungsfläche in die Bodenplatte bohren. Dann die Position der Löcher an der Unterkante der Figur markieren und die entsprechenden Löcher (ø 2 mm) dort vorbohren. Die Figur von unten durch die Bodenfläche festschrauben.

Stolze Entenmutter

Anleitung auf Seite 6.

Stolze Entenmutter

→ schön auf der Fensterbank

MOTIVHÖHE
ca. 15 cm

MATERIAL
- Sperrholzrest, 6 mm stark
- Sperrholz, 1 cm stark, 30 cm x 25 cm
- Acrylfarbe in Weiß, Goldgelb, Zinnoberrot, Mandarine und Maigrün
- Bindedraht, ø 0,35 mm
- Stoffstreifen, 1,5 cm x 12 cm
- künstliche Kamillenranke, 50 cm lang
- Plusterstift in Weiß
- evtl. Holzschraube, Senkkopf, ø 3,5 cm, 3 cm lang (zum Festschrauben auf der Standfläche)
- evtl. Bohrer, ø 2 mm und 4 mm (zum Vorbohren)

VORLAGENBOGEN 1A

1 Die Ente und die Bodenfläche aus dem dicken, den Schnabel, den Flügel samt Kükenkopf und das Küken aus dem dünnen Sperrholz aussägen.

2 Alle Sperrholzteile wie abgebildet anmalen. Die Gesichter gestalten und die Innenlinien aufmalen.

3 Den Schnabel, den Flügel samt Kükenkopf und das Küken aufkleben. Den Stoffstreifen doppelt legen, ca. 1 cm von der Knickstelle mit Bindedraht umwickeln und die Drahtenden locken. Den Stoffstreifen mit Heißkleber an den Hals kleben. Die Kamillenranke um den Rand der Bodenfläche kleben. Die Entenmutter und das stehende Küken anbringen.

Hier schläft jemand!

→ Osterdekoration

1 Das Grasteil aus dem dünnen, den Hasen aus dem mittleren, das Ei samt Hasen und die Bodenfläche aus dem dicken Sperrholz aussägen.

2 Alle Holzteile wie abgebildet anmalen und sämtliche Innenlinien aufmalen. Das Gesicht gestalten. Den zusätzlichen Hasen aufkleben und das Schwänzchen mit etwas Strukturschnee verzieren. Das Ei mit kleinen Plusterstiftblüten gestalten.

3 Alle Bohrungen anbringen. Für die Barthaare das Bindedrahtstück u-förmig biegen, von hinten durch die entsprechenden Löcher stecken und vorn in Form biegen. Den Hasen und das Grasteil auf der Bodenfläche fixieren. Mit etwas Seegras verzieren.

MOTIVHÖHE
ca. 16 cm

MATERIAL

- Sperrholzrest, 4 mm stark
- Sperrholz, 6 mm stark, 25 cm x 18 cm
- Sperrholz, 1 cm stark, 30 cm x 30 cm
- Acrylfarbe in Weiß, Lachsrot, Mandarine, Hellbraun, Olivgrün, Lindgrün, Hausergrün hell, Grasgrün, Himmelblau, Mittelblau und Pfirsich
- Plusterstifte in Weiß und Sonnengelb
- Seegras in Grün
- Strukturschnee
- Bindedraht, ø 0,65 mm
- evtl. 2 Holzschrauben, Senkkopf, ø 3,5 mm, 3 cm lang (zum Festschrauben auf der Standfläche)
- Bohrer, ø 1,5 mm (2 mm und 4 mm zum Vorbohren)

VORLAGEN-BOGEN 1A

Ich bin der Froschkönig

→ lustiger Blumentopfhalter

MOTIVHÖHE
ca. 56 cm

MATERIAL
- Sperrholzrest, 6 mm stark
- Sperrholz, 1 cm stark, 55 cm x 30 cm
- Acrylfarbe in Gold metallic, Lachsrot, Olivgrün, Goldgelb, Weiß, Banane und Himmelblau
- 4 Rohholzhalbkugeln, ø 2 cm
- 2 Rundholzstücke, ø 1 cm, je 20 cm lang
- Stoffstreifen, 10 cm x 28 cm
- Bindedraht, ø 0,65 mm und 1,4 mm
- Tontopf, ø 9 cm, 8 cm hoch
- Baumwollkordel in Grün, ø 1 mm, je Arm ca. 14 cm lang
- Bohrer, ø 1,5 mm, 2 mm, 3 mm (zum Vorbohren für die Beine) und 1 cm

VORLAGENBOGEN 1B

1 Die Blüte aus dem dünnen, den Frosch, die Hände und die Füße aus dem dicken Sperrholz aussägen. Die Rundholzstücke an einem Ende auf einer Länge von 2,5 cm abflachen. Dafür das Rundholz der Länge nach ca. 2,5 cm tief halbieren und eine Hälfte senkrecht zur Mittelachse absägen (siehe Skizze auf Vorlagenbogen).

2 Sämtliche Sperrholzteile, die Rohholzhalbkugeln und die Rundholzstücke anmalen. Dabei jedoch 1 cm am unteren Ende der Rundholzstücke unbemalt lassen. So lassen sie sich später besser in die Bohrungen der Füße stecken. Für den Körper, die Hände und die Füße das Grün stark mit Wasser verdünnen. Die Streifen der Beine sind ca. 2 cm breit. Alle Innenlinien ergänzen, das Gesicht gestalten.

3 Die Halbkugel für die Blütenmitte aufkleben, die restlichen Halbkugeln auf die Zacken der Krone.

4 Alle Löcher bohren. Die Baumwollkordelstücke in die Bohrungen der Hände stecken und mit Klebstoff fixieren. Gut trocknen lassen. Das andere Ende jeweils in die seitliche Bohrung im Körper kleben. Die Rundholzstücke in die entsprechenden Bohrungen der Füße stecken und fixieren. Die jeweils abgeflachte Seite von hinten an den Frosch kleben. Ggf. den abgeflachten Bereich etwas nacharbeiten, d. h. der Bauchform anpassen.

5 In die seitliche Bohrung der Blüte ein gelocktes Stück dünnen Bindedraht stecken und fixieren. Das andere Drahtende in die Bohrung am Mund stecken und ebenfalls fixieren. Den dicken Bindedraht u-förmig biegen, von hinten durch die Bohrungen im Körper stecken, um den Topfrand biegen, vorn verzwirbeln und die Drahtenden locken. Mit etwas Heißkleber die Hände an den Topfrand kleben und dem Frosch den Schal umbinden.

Niedliche Erdbeermädchen

→ Sind die süß!

MOTIVHÖHE
großes Erdbeermädchen ca. 19 cm

MATERIAL (BEIDE FIGUREN)

- Sperrholzrest, 4 mm stark
- Sperrholz, 1 cm stark, 20 cm x 20 cm
- Acrylfarbe in Hautfarbe, Mandarine, Goldgelb, Weiß, Hausergrün hell, Olivgrün, Himmelblau, Zinnoberrot und Lindgrün
- Rundholzstab, ø 4 mm, 2 x 3 cm (Hälse), 2 x 3,5 cm (Beine der kleinen Figur) und 2 x 4 cm lang (Beine der großen Figur)
- Rohholzhalbkugel, ø 6 mm
- Plusterstifte in Weiß und Sonnengelb
- Bindedraht, ø 0,65 mm und 1,4 mm
- Paketschnur, ø 1,7 mm
- 2 Stoffstreifen, je 1,5 cm x 12 cm
- Satinband in Hellgrün, 3 mm breit, ca. 50 cm lang
- Bohrer, ø 1,5 mm und 4 mm

VORLAGENBOGEN 3A

1 Den Schmetterling und die Kragen aus dem dünnen, die Köpfe, beide Erdbeerkörper und die Schuhe aus dem dicken Sperrholz aussägen.

2 Alle Sperrholzteile und die Rohholzhalbkugel wie abgebildet anmalen. Die Rundholzstücke nicht anmalen. Die Gesichter gestalten und die Innenlinien aufmalen. Die Blüten auf dem Kopf und die Erdbeerkörper mit Plusterstiften in Weiß und Sonnengelb verzieren.

3 Die Löcher für die Hälse und Beine bohren und die restlichen Bohrungen vornehmen. Für die Fühler von Schmetterling und Schnecke je ein 2,4 cm langes Stück Bindedraht mittig knicken. Die Drahtenden wie abgebildet in Form biegen und die Drähte mit der Knickstelle in die entsprechenden Bohrungen stecken. Mit etwas Klebstoff fixieren.

4 Dem kleinen Erdbeermädchen die Rohholzhalbkugel aufkleben. Auf beide Figuren die grünen Kragen kleben. Die Hälse anbringen und die Beine in die entsprechenden Bohrungen stecken. Die jeweiligen Füße und den Kopf aufstecken.

5 Den Schmetterling wie abgebildet mit dünnem Bindedraht an den in Form gebogenen Bindedraht hängen. Die „Angel" in die seitliche Bohrung des Körpers stecken, das Ende in die andere seitliche Bohrung.

6 Den Schuhen die aus Paketschnur gebundenen Schleifen aufkleben. Das kleinere Erdbeermädchen mit zwei ca. 14 cm langen Satinbandschleifen verzieren, der größeren Figur das restliche, ca. 22 cm lange Satinband um das Kleid legen und mit einer Schleife schließen. Beiden Figuren einen Stoffschal um den Hals binden.

Fröhlicher Blumenstecker

→ mit Thermometer

MOTIVHÖHE
ca. 73 cm

MATERIAL
- Sperrholzrest, 6 mm stark
- Sperrholz, 1 cm stark, 25 cm x 25 cm
- Holzlatte, 1 cm stark, 4 cm breit, 60 cm lang
- Acrylfarbe in Hautfarbe, Weiß, Zinnoberrot, Pfirsich, Grasgrün, Olivgrün, Lindgrün und Himmelblau
- Rohholzhalbkugel, ø 3 cm
- Bindedraht, ø 0,35 mm
- Metallgießkanne, ca. 6 cm hoch
- künstliche Stiefmütterchenblüte und zwei Blätter
- Plusterstift in Weiß
- Thermometer in Schwarz, 3 cm x 17 cm
- Bohrer, ø 1,5 mm

VORLAGENBOGEN 1A

1 Den Zwerg samt Schild aus dem dicken, das Bartteil samt Händen und die Erdbeere aus dem dünnen Sperrholz aussägen. Die Holzlatte zuspitzen.

2 Die Sperrholzteile, die Rohholzhalbkugel und die Holzlatte wie abgebildet anmalen. Dabei die Holzlatte in Himmelblau und Lindgrün streifen. Nach dem Trocknen das Zwergengesicht gestalten und alle Innenlinien aufmalen. Die Haare und die Mütze mit Plusterstift verzieren, dann die Nase und das Bartteil ankleben. Die künstliche Blüte und die Blätter ergänzen.

3 Alle Bohrungen ausführen. Dann das Schild auf die Holzlatte kleben. Die Erdbeere und die Gießkanne mit etwas Bindedraht unter das Schild hängen. Die Drahtenden locken. Zum Schluss das Thermometer aufkleben.

Tipps: Lustig sieht der Stecker auch aus, wenn Sie zusätzliche Erdbeeren aussägen, bemalen und anstelle des Thermometers auf die Latte kleben.

Anstelle der Gießkanne können Sie auch ein kleines Zinkeimerchen andrahten und dieses mit Blumen füllen.

50
40
30
20
10
0
0
10
20
30

Österliche Tischdeko

→ Hühnerkörbchen und Küken

MOTIVHÖHE
ca. 21 cm

MATERIAL
- Sperrholzrest, 4 mm stark
- Sperrholz, 1 cm stark, 70 cm x 30 cm
- Acrylfarbe in Weiß, Goldgelb, Orange, Zinnoberrot und Grasgrün
- 3 Rundholzstücke, ø 4 mm, 3,5 cm lang
- 6 Holzschrauben, Senkkopf, ø 3,5 mm, 3 cm lang
- 3 Holzscheiben, ø 3 cm (Bohrung: ø 3,5 mm)
- Stoffstreifen, 2 cm x 10 cm
- Bindedraht, ø 0,35 mm
- etwas Heu
- Bohrer, ø 2 mm und 4 mm

VORLAGENBOGEN 2A

1 Das Huhn, die Bodenplatte, die Seitenteile der Kiste und die Küken aus dem dicken, den Schnabel und die Kehlläppchen aus dem dünnen Sperrholz aussägen. Die Sperrholzteile wie abgebildet anmalen: Für den Kamm stark mit Wasser verdünntes Zinnoberrot verwenden und mit unverdünnter Farbe Akzente setzen. Die Kehlläppchen ebenfalls mit verdünntem Zinnoberrot gestalten. Für die Wangen etwas Zinnoberrot in die noch feuchte, weiße Farbe tupfen. Alle Gesichter gestalten und die Innenlinien aufmalen. Den Schnabel und die Kehlläppchen auf das Huhn kleben.

2 Die Bohrungen der Holzscheiben auf ø 4 mm vergrößern und dannach anmalen. Alle restlichen Löcher bohren.

3 Die Vorderseite des Kistchens beschriften. Die Einzelteile zusammenschrauben und das Mittelteil (= Huhn) festschrauben. Den Stoffstreifen doppelt legen, ca. 1 cm von der Knickstelle entfernt mit Bindedraht umwickeln und die Drahtenden locken. Den fertigen Schal auf das Huhn kleben.

4 Die Rundholzstücke in die Bohrungen der Holzscheiben stecken. Das andere Ende in die Bohrungen der Küken stecken. Mit etwas Klebstoff fixieren. Die Rundholzstücke anmalen. Das Körbchen mit etwas Heu auspolstern.

Frische Eier!

Ein Herz für Vögel

→ Was für eine nette Gesellschaft!

MOTIVHÖHE
ca. 33 cm

MATERIAL

- Sperrholz, 1 cm stark, 25 cm x 20 cm
- Buchenleimholz, 1,8 cm stark, 40 cm x 40 cm
- Acrylfarbe in Weiß, Terrakotta, Kirschrot, Banane, Grasgrün, Schwarz, Himmelblau und Lachsrot
- Stoffstreifen, 12 cm x 40 cm
- Stoffrechteck, 6 cm x 6,5 cm
- Bindedraht, ø 0,35 mm, 0,65 mm und 1,4 mm
- Bohrer, ø 1,5 mm

VORLAGENBOGEN 2B

1 Die Vögel, die Nase, die Pfoten und das Schild aus Sperrholz aussägen. Die Katze und den Schwanz aus dem Leimholz aussägen.

2 Sämtliche Holzteile wie abgebildet anmalen. Das Gesicht gestalten und alle Innenlinien ergänzen. Den Schriftzug auf dem Schild ergänzen.

3 Alle Bohrungen ausführen. Die Nase und die Pfoten auf den Katzenkörper kleben. Für die Schnurrhaare zwei u-förmig gebogene, mittlere Bindedrahtstücke von der Rückseite durch die Löcher stecken und auf der Vorderseite in Form biegen. Das aus Stoff zugeschnittene Herz aufkleben und die Striche ergänzen.

4 Jeweils ein kurzes Stück dicken Bindedraht in die seitliche Bohrung der Vogelkörper stecken und diese damit in den entsprechenden Bohrungen der Katze fixieren. Den Katzenschwanz von der Rückseite ergänzen und das Schild mit dem dünnen Draht andrahten. Die Drahtenden locken und der Katze den Stoffstreifen umbinden.

Tipps: Für die Nase die Farbe Kirschrot am besten mit etwas Wasser verdünnen.

Um das Verrutschen des Schwanzteils während der Trocknungsphase zu verhindern, dieses mit einer Klemmzwinge fixieren.

WelcoMe

Fuchs,
du hast die Gans gestohlen

→ ein freches Kerlchen

MOTIVHÖHE
ca. 50 cm

MATERIAL
- Sperrholz, 6 mm stark, 20 cm x 15 cm
- Sperrholz, 1 cm stark, 55 cm x 60 cm
- Acrylfarbe in Mandarine, Schwarz, Orange, Hausergrün hell, Weiß und Lachsrot
- Baumwollkordel in Weiß, ø 1 mm, pro Bein 4,5 cm lang
- Metallschelle in Grün, ø 1,1 cm
- je 1 Stoffstück, 3 cm x 3,5 cm, 2 cm x 2 cm und 7 cm x 38 cm
- Seegras in Grün
- Strukturschnee, grob
- künstlicher Ringelblumenzweig mit drei Blüten
- Bindedraht, ø 0,65 mm
- 2 Drahtnägel, ø 1,2 mm, 2 cm lang
- Hammer
- evtl. 2 Holzschrauben, Senkkopf, ø 3,5 mm, 3 cm lang (zum Festschrauben auf der Bodenfläche)
- Bohrer, ø 1,5 mm, 2 mm und 4 mm (zum Vorbohren)

VORLAGENBOGEN 2B+3A

1 Die Ohren, das Mundteil, die Nase und die Gänsefüße aus dem dünnen, den Fuchs, beide Arme, den Schwanz und die Bodenfläche aus dem dicken Sperrholz aussägen.

2 Alle Sperrholzteile wie abgebildet anmalen. Nach dem Trocknen die Gesichter gestalten und die Innenlinien aufmalen. Die Schwanzspitze mit Strukturschnee betupfen.

3 Das Mundteil aufkleben und alle Bohrungen vornehmen. Die Flicken aufkleben und Striche aufmalen, die Baumwollkordelstücke in die Gänsefüße stecken, mit Klebstoff fixieren und trocknen lassen. Die Metallschelle auffädeln und die Beine einkleben. Gut trocknen lassen.

4 Beide Arme annageln. Die Nase, die Ohren und den Schwanz ergänzen. Für die Schnurrhaare zwei u-förmig gebogene Drahtstücke von hinten durch die entsprechenden Löcher stecken und vorn umbiegen.

5 Den Fuchs auf der Bodenfläche fixieren und diese mit dem Seegras und den Ringelblümchen samt Blättern verzieren.

Die Kürbis-Bande

→ herbstlich-dekorativ

1 Die Kürbisse aus dem dicken, die Blattteile und die Nasen aus dem dünnen Sperrholz aussägen.

2 Alle Sperrholzteile und die Rohholzhalbkugeln wie abgebildet anmalen: Den linken Kürbis orange, den zweiten Kürbis von links und den rechten Kürbis in Mandarine gestalten. Alle Wangen und die große Nase terrakotta bemalen. Den zweiten Kürbis von rechts mit stark verdünntem Zinnoberrot

gestalten, den mittleren mit stark verdünntem Orange. Die Gesichter gestalten und die Innenlinien aufmalen. Die Blattteile und die Nasen aufkleben.

3 Alle Bohrungen ausführen. Ein Stück Bindedraht mittig knicken und die Enden locken. Die Knickstelle etwas zusammendrücken, in die seitliche Bohrung des rechten Kürbisses stecken und mit Klebstoff fixieren.

4 Die einzelnen Kürbisse wie abgebildet mit jeweils einem Scharnier verbinden.

MOTIVHÖHE

größter Kürbis
ca. 24 cm

MATERIAL

- Sperrholz, 4 mm stark, 30 cm x 25 cm
- Sperrholz, 1 cm stark, 50 cm x 50 cm
- Acrylfarbe in Zinnoberrot, Terrakotta, Orange, Mandarine, Weiß, Olivgrün, Grasgrün und Hausergrün hell
- 2 Rohholzhalbkugeln, ø 1 cm
- Bindedraht, ø 0,65 mm
- 4 Scharniere, 2 cm x 1,2 cm, samt Schrauben in Messing
- Bohrer, ø 1,5 mm

VORLAGEN-BOGEN 4B

Beste Freunde

→ Von wegen wie Hund und Katz'!

MOTIVHÖHE
ca. 31 cm

MATERIAL
- Sperrholzrest, 6 mm stark
- Sperrholz, 1 cm stark, 55 cm x 35 cm
- Acrylfarbe in Weiß, Rehbraun, Schwarz, Lachsrot, Zinnoberrot, Hausergrün hell und Mandarine
- Bindedraht, ø 0,35 mm und 0,65 mm
- Paketschnur, ø 1,7 mm
- 3 künstliche Gänseblümchenblüten, ø 2,3 cm
- 2 künstliche Blätter in Grün
- Stoffdreieck, 17 cm x 17 cm x 28 cm
- etwas Stroh
- evtl. 3 Holzschrauben, Senkkopf, ø 3,5 mm, 3 cm lang (zum Festschrauben auf der Bodenfläche)
- Bohrer, ø 1,5 mm, 2 mm und 4 mm (zum Vorbohren)

VORLAGENBOGEN 3B

1 Die Hundenase und das Herz aus dem dünnen, den Hund, seine Pfoten, die Katze und die Bodenfläche aus dem dicken Sperrholz aussägen.

2 Alle Teile wie abgebildet anmalen. Die Gesichter gestalten und die Innenlinien aufmalen. Die Bohrungen ausführen.

3 Dem Hund von vorn die Nase und die Pfoten aufkleben. Die Schnurrhaare an der Katze anbringen: Dafür ein Stück dicken Bindedraht u-förmig biegen, von hinten durch die entsprechenden Löcher stecken und vorn in Form biegen.

4 Dem Hund mit Paketschnur das Herz um den Hals binden und der Katze das Stoffdreieck um den Hals knoten.

5 Beide Motive auf der Bodenfläche fixieren. Etwas Stroh mit dünnem Bindedraht umwickeln, die Drahtenden abkneifen und mit Heißkleber auf der Bodenfläche fixieren. Die Blütenköpfe und Blätter aufkleben.

Tipp: Anstelle des Herzens können Sie auch ein Metallglöckchen oder gelochtes Filzstreuteil auf die Paketschnur auffädeln.

Hexentreff

→ an Halloween

MOTIVHÖHE
ca. 38 cm

MATERIAL
- Sperrholz, 6 mm stark, 35 cm x 40 cm
- Sperrholz, 1 cm stark, 50 cm x 45 cm
- Acrylfarbe in Hautfarbe, Orange, Zinnoberrot, Schwarz, Dunkelgrau, Mittelbraun, Hellgrau, Hausergrün hell, Grasgrün, Weiß, Ocker, Banane, Aubergine und Antikblau
- Paketschnur, ø 1,7 mm
- Bindedraht, ø 0,35 mm und 1,4 mm
- Plusterstift in Weiß
- 3 Stoffstücke, 2 x 2,5 cm x 2,5 cm und 1 x 2 cm x 12 cm
- evtl. 2 Holzschrauben, Senkkopf, ø 3,5 mm, 3 cm lang (zum Festschrauben auf der Standfläche)
- Bohrer, ø 1,5 mm (ø 2 mm und 4 mm zum Vorbohren)

VORLAGEN-BOGEN 1B+2A

1 Die Hexen und die Standfläche aus dem dicken, die zusätzlichen Haar-Hutteile, das Arm-Besenteil, die Fledermaus und das Gespenst aus dem dünnen Sperrholz aussägen.

2 Alle Sperrholzteile wie abgebildet anmalen. Nach dem Trocknen die Gesichter aufmalen und die Innenlinien ergänzen. Die Haar-Hutteile aufkleben und das Arm-Besenteil ergänzen. Die grünen Strümpfe mit Plusterstift streifen und den Hexenhut mit Punkten und Streifen verzieren. Die Stoffflicken und Striche ergänzen.

3 Alle Bohrungen anbringen. Aus einem Stück dickem Bindedraht eine Angel biegen, in die seitliche Bohrung der Hand stecken und mit Klebstoff fixieren. Das Gespenst und die Fledermaus mit dünnem Bindedraht an die Angel bzw. den Hut andrahten. Die Drahtenden locken.

4 Den Stoffstreifen doppelt legen, ca. 1 cm von der Knickstelle entfernt mit dünnem Bindedraht umwickeln und die Drahtenden locken. Mit Heißkleber ankleben. Beide Hexen auf der Standfläche fixieren.

Tipp: Anstelle des ausgesägten Gespensts und der Fledermaus können Sie auch kleine, bunte Schellen in Form eines Gespensts, einer Fledermaus oder eines Kürbisses andrahten. Diese erhalten Sie im Herbst in gut sortierten Bastel- und Dekofachgeschäften.

Mir rutscht keiner aus!

→ pfiffiger Streugutbehälter

MOTIVHÖHE
ca. 37 cm

MATERIAL
- Sperrholzrest, 6 mm stark
- Sperrholz, 1 cm stark, 60 cm x 60 cm
- Acrylfarbe in Weiß, Mandarine, Terrakotta, Zinnoberrot, Antikblau, Gold metallic, Schwarz, Banane und Grasgrün
- Metallschelle in Silber, ø 1,5 cm
- Strukturschnee
- Plusterstift in Weiß
- 8 Holzbuchstaben, S, T, R, E, U, G, U, T, 2 cm hoch
- Stoffstreifen, 10 cm x 60 cm
- Bindedraht, ø 0,35 mm und 1,4 mm
- Paketschnur, ø 1,7 mm
- dünne Reisigzweige
- dickerer Zweig, ca. 26 cm lang (Besenstiel),
- Streugranulat
- 8 Holzschrauben, Senkkopf, ø 3,5 mm, 3 cm lang
- Bohrer, ø 1,5 mm, 2 mm und 4 mm

VORLAGENBOGEN 2B+4B

1 Das Schneeteil, den Vogel, die Nase und den Stern aus dem dünnen, den Schneemann sowie die Bodenplatte, die Seitenteile und die Vorderseite der Kiste aus dem dicken Sperrholz aussägen.

2 Die Sperrholzteile und Holzbuchstaben wie abgebildet anmalen, die Innenlinien ergänzen und die Gesichter gestalten. Den Hut mit Plusterstiftstreifen verzieren.

3 Die zusätzliche Schneekante und die Möhrennase aufkleben. Die Schneekante und Nase mit Strukturschnee betupfen. Die Holzbuchstaben auf die Vorderseite der Kiste kleben.

4 Alle Bohrungen anbringen. Die Kiste zusammenschrauben, die Vorderseite an die Seitenteile und die Bodenplatte leimen.

5 Ein kurzes Stück dicken Bindedraht in die seitliche Bohrung des Vogels stecken und mit Klebstoff fixieren. Den Vogel in die entsprechende Bohrung des Schneeteils auf dem Hut stecken und die Schelle mit dünnem Bindedraht wie abgebildet andrahten.

6 Dem Schneemann einen Stoffstreifen um den Hals binden. Den Stern unterhalb des Knotens auf den Schal kleben. Zuvor jedoch ein Stück dünnen Bindedraht von hinten durch die Bohrungen stecken, vorn verzwirbeln und die Drahtenden locken. Aus dem Reisig, dem Zweig und der Paketschnur einen Besen binden und an den Schneemann kleben.

7 Die Kiste mit Streugranulat füllen.

STREUGUT

Bald ist Weihnachten!

→ ein etwas anderer Adventskranz

MOTIVHÖHE
ca. 30 cm

MATERIAL
- Sperrholzreste, 4 mm und 6 mm stark
- Sperrholz, 1 cm stark, 35 cm x 40 cm
- Acrylfarbe in Gold metallic, Mittelbraun, Ocker, Antikblau, Antikgrün, Olivgrün, Weiß, Schwarz, Hautfarbe und Terrakotta
- Rohholzhalbkugel, ø 2,5 cm
- 4 Kerzenhalter aus Holz (mit Tülle und Tropfenfänger für Kerzen bis ø 1,4 cm)
- 4 Kerzen in Rot, ø 1,4 cm
- Perlmuttknopf: Herz, ø ca. 2 cm
- Strukturschnee
- Hologrammsterne, ø 3 mm
- Klarlack, matt
- Plusterstift in Weiß
- Bindedraht, ø 0,35 mm
- 2 Holzschrauben, Senkkopf, ø 3,5 mm, 3 cm lang
- Bohrer, ø 2 mm und 4 mm

VORLAGEN-BOGEN 1A+3B

1 Das Gesicht-Bartteil und die Schnurrbartteile aus dem dünnen, den Handschuh und das Tannen-Handschuhteil aus dem mittleren, den Weihnachtsmann, die Bodenplatte und die beiden Schuhe aus dem dicken Sperrholz aussägen.

2 Sämtliche Sperrholzteile, die Rohholzhalbkugel und die Kerzenhalter wie abgebildet anmalen. Die getrocknete Tanne mit Klarlack besprühen, in den noch feuchten Lack die Hologrammsterne streuen und nach dem Trocknen nochmals mit Lack einsprühen. Nach dem Trocknen das Gesicht des Weihnachtsmannes gestalten und alle Innenlinien aufmalen.

3 Das Gesicht-Bartteil, die Rohholzhalbkugel und die Schnurrbartteile aufkleben. Den Handschuh und das Tannen-Handschuhteil ergänzen. Die Mützenkante mit Strukturschnee verzieren und die Mütze mit Plusterstiftsternen verzieren. Von der Rückseite durch die Löcher des Knopfes etwas Bindedraht stecken, vorn verzwirbeln und die Drahtenden locken. Den Knopf wie abgebildet aufkleben.

4 Alle Bohrungen anbringen und die Bodenplatte an den Weihnachtsmann schrauben. Die zusammengesetzten Kerzenhalter fixieren, beide Schuhe gegen die Bodenplatte leimen und die Kerzen einstecken.

MOTIVHÖHE
Schneemann ca. 8 cm

MATERIAL

- Sperrholzrest, 4 mm stark
- Acrylfarbe in Hautfarbe, Weiß, Goldgelb, Gold metallic, Mandarine, Lachsrot, Zinnoberrot, Terrakotta, Hausergrün hell, Himmelblau, Antikblau, Hellgrau und Hellbraun
- Stoffstreifen, 2 cm x 4 cm
- Satinband in Grün, Rot und Dunkelblau, 3 mm breit, je 35 cm lang
- Strukturschnee
- Plusterstift in Gold
- Knopf in Rot, ø 6 mm
- Hologramm-Glitterfäden in Gold
- Klarlack, matt
- Bindedraht, ø 0,35 mm
- Bohrer, ø 3 mm

VORLAGEN-BOGEN 3A

Geschenkanhänger

→ auch als Baumschmuck toll

Abbildung auf Seite 1.

1 Alle Teile aus dem Sperrholz aussägen und wie abgebildet anmalen. Nach dem Trocknen den Engelskopf mit Klarlack besprühen, die Glitterfäden einstreuen und trocknen lassen. Nochmals mit Klarlack besprühen. Alle Gesichter gestalten und die Innenlinien aufmalen.

2 Dem Engel das Flügelpaar, dem Schneemann die Möhrennase und dem Elch das Geweih und Schalteil ankleben. Den Engelskragen mit Plusterstift in Gold verzieren und den Heiligenschein aufmalen. Den Zylinder des Schneemannes mit Strukturschnee betupfen und den Knopf auf das Geweih des Elches kleben. Zuvor etwas Draht durch die Knopflöcher fädeln, vorn verzwirbeln und die Drahtenden locken. Für die Schleife des Schneemannes den Stoff in der Mitte mit dünnem Bindedraht zusammenraffen und die Drahtenden locken. Die Schleife aufkleben.

3 Alle Löcher bohren. Jeweils ein Stück Satinband durch die Bohrung fädeln, zu einer Schlaufe legen, verknoten und die Motive damit nach Wunsch dekorieren.

IMPRESSUM

FOTOS: frechverlag GmbH, 70499 Stuttgart; Monika Gänsler (Schrittfotos, Seite 2/3); Fotostudio Ullrich & Co., Renningen (übrige Fotos)
DRUCK: frechdruck GmbH, 70499 Stuttgart

Auflage:	6.	5.	4.	3.	
Jahr:	2014	2013	2012	2011	[Letzte Zahlen maßgebend]

ISBN 978-3-7724-3690-1
Best.-Nr. 3690